UNIVERSITÉ DE FRANCE.

FACULTÉ DE DROIT DE STRASBOURG.

ACTE PUBLIC

SUR

L'ADMINISTRATION DU TUTEUR

ET LES

COMPTES DE LA TUTELLE,

LE BILAN,

ET LA PRESCRIPTION EN MATIÈRE CRIMINELLE,

PRÉSENTÉ ET SOUTENU

A LA FACULTÉ DE DROIT DE STRASBOURG,

Le samedi 1er août 1835, à midi,

POUR OBTENIR LE GRADE DE LICENCIÉ EN DROIT,

PAR

EUGÈNE CONIGLIANO,

DE ROSIÈRES-AUX-SALINES (DÉPARTEMENT DE LA MEURTHE),

LICENCIÉ ÈS-LETTRES ET BACHELIER EN DROIT.

STRASBOURG,

IMPRIMERIE DE G. SILBERMANN, PLACE SAINT-THOMAS, No 3.

1835.

UNIVERSITÉ DE FRANCE,

FACULTÉ DE DROIT DE STRASBOURG.

ACTE PUBLIC

SUR

L'ADMINISTRATION DU TUTEUR

ET LES

COMPTES DE LA TUTELLE,

LE BILAN,

ET LA PRESCRIPTION EN MATIÈRE CRIMINELLE,

PRÉSENTÉ ET SOUTENU

A LA FACULTÉ DE DROIT DE STRASBOURG,

Le samedi 1er août 1835, à midi,

POUR OBTENIR LE GRADE DE LICENCIÉ EN DROIT,

PAR

EUGÈNE CONIGLIANO,

DE ROSIÈRES-AUX-SALINES (DÉPARTEMENT DE LA MEURTHE),

LICENCIÉ ÈS-LETTRES ET BACHELIER EN DROIT.

STRASBOURG,

IMPRIMERIE DE G. SILBERMANN, PLACE SAINT-THOMAS, N° 3.

1835.

FACULTÉ DE DROIT DE STRASBOURG.

M. Kern, Doyen de la Faculté de Droit.

M. Bloechel, Président.

EXAMINATEURS:

MM. Bloechel . . . . $\left.\begin{matrix} \\ \\ \end{matrix}\right\}$ Professeurs.
Rauter . . . . .
Hepp . . . . . .
Rau . . . . . . Professeur-suppléant.

La Faculté n'entend approuver ni désapprouver les opinions particulières
au Candidat.

DROIT CIVIL.

———❧———

DE L'ADMINISTRATION DU TUTEUR ET DES COMPTES
DE LA TUTELLE.

L'administration de la tutelle est un des objets qui ont le plus vivement excité la sollicitude du législateur. Tutrice première et souveraine des pupilles, la loi ne dépose qu'avec mesure et discrétion une partie de sa toute-puissance entre les mains des administrateurs particuliers qu'elle établit ses mandataires ; elle leur prescrit les devoirs qu'ils ont à remplir, soit en commençant leur gestion, soit dans l'exercice de leur administration, qui embrasse un double objet : la personne du mineur d'abord, puis le soin de son patrimoine, modérant l'étendue de leurs pouvoirs, sur l'importance des actes qu'ils ont à consommer. Enfin, elle les soumet à l'obligation de rendre un compte exact de leur administration, lorsqu'ils l'auront terminée.

Tels sont les caractères généraux des dispositions de la loi relatives à notre sujet. Nous les développerons suivant l'ordre que nous venons d'indiquer ; de sorte, que nous traiterons :

1° Des devoirs du tuteur en entrant en gestion ;

2° De ses devoirs et de ses droits comme tuteur de la personne du pupille ;

1.

3° De ses devoirs et de ses droits comme administrateur des biens.

4° De l'obligation qu'il a de rendre compte.

CHAPITRE PREMIER.

Des devoirs du tuteur en entrant en gestion.

Ces devoirs renferment quelques mesures d'urgence dans l'intérêt du mineur, et ils présentent certaines dispositions tendant à assurer la bonne administration de la tutelle, ou à en faciliter l'exercice.

Et d'abord, la tutelle ne pouvant rester vacante sans préjudice pour le mineur, le tuteur est obligé, sous sa propre responsabilité, d'administrer du jour qu'il a connaissance de sa nomination. L'appel qu'il pourrait porter devant les tribunaux pour obtenir sa décharge, n'est point suspensif.

Afin que le mineur ait quelqu'un qui puisse agir pour ses intérêts, dans le cas où ils viendraient à être en opposition avec ceux du tuteur lui-même, la loi oblige ce dernier, s'il est légitime ou testamentaire, à faire nommer un subrogé-tuteur avant d'entrer en gestion.

Le tuteur doit, dans le délai de dix jours, à dater de sa nomition, requérir la levée des scellés, s'ils ont été apposés, et faire procéder immédiatement à l'inventaire des biens du mineur, en présence du subrogé-tuteur. C'est cet inventaire, qui servira de base au compte que le tuteur devra rendre un jour. Comme il est dangereux pour le mineur d'avoir des rapports de créances avec son tuteur, qui doit avoir tous les titres entre ses mains, s'il est dû quelque chose au mineur par le tuteur, l'officier public, chargé de l'inventaire, doit requérir le tuteur de faire sa déclaration dans l'inventaire, et si ce dernier n'obtempère pas à la réquisition qui lui est faite, il encourt la déchéance de sa créance.

Le tuteur, autre que le père ou la mère, doit faire fixer par le conseil de famille le mode d'éducation qu'il faut donner au mineur, et le montant de la somme qui lui est allouée pour son entretien ; il ne sera pas dispensé pour cela de rendre compte de l'emploi de cette somme. Le tuteur devra faire fixer aussi, par le conseil de famille, la somme à laquelle commencera pour lui l'obligation d'employer l'excédant des revenus sur la dépense ; sinon, il devra les intérêts de toute somme, quelque modique qu'elle soit, après le délai de six mois, que la loi lui accorde pour le placement.

Dans le mois qui suivra la clôture de l'inventaire, le tuteur fera vendre publiquement tous les meubles sujets à dépérissement, autres que ceux que le conseil de famille l'aurait autorisé à conserver en nature. Les père et mère sont dispensés de ce devoir tant qu'ils ont la jouissance légale des biens du mineur, à charge par eux d'en faire faire l'estimation par un expert nommé par le subrogé-tuteur, et qui prêtera serment devant le juge de paix. Le tuteur peut demander au conseil de famille l'autorisation de se faire aider dans sa gestion par un ou plusieurs administrateurs salariés, et gérant sous sa responsabilité.

CHAPITRE II.

De l'administration du tuteur relativement à la personne du mineur.

Le tuteur prendra soin de la personne du mineur, et il le représentera dans tous les actes de la vie civile (450, al. 1). Le Code est ici d'une concision extrême, et il laisse à la doctrine le soin de développer les conséquences de la loi qu'il impose au tuteur.

L'obligation de pourvoir aux besoins du mineur, comprend ses alimens, ses vêtemens, son logement, les frais de maladies, les salaires des maîtres et des domestiques, et toutes les dépenses nécessaires pour lui donner une éducation convenable, suivant ses facultés, et dans la mesure prescrite par le conseil de famille. Il doit surveiller paternellement la conduite du mineur; et si celui-ci donne des sujets graves de mécontentement, le tuteur pourra porter ses plaintes à un conseil de famille, et s'il y est autorisé par ce conseil, provoquer la réclusion du mineur.

Le domicile du mineur est chez son tuteur. Les père et mère, quoiqu'ils se soient excusés de la tutelle, dirigent l'éducation du mineur qui doit généralement habiter avec eux s'ils l'exigent. Le conseil de famille peut aussi, pour le plus grand intérêt de l'enfant, le confier à une personne autre que son tuteur, surtout à un ascendant.

Le tuteur n'est point tenu de nourrir le mineur à ses dépens, s'il ne lui doit point les alimens comme ascendant; les autres parens ne sont pas civilement tenus de lui en fournir. L'esprit de la loi exige que le tuteur ne puisse pas disposer de l'état de l'enfant, le mettre dans un hospice, par exemple, sans l'autorisation du conseil de famille.

La seconde obligation générale du tuteur, relative à la personne du mineur, est de le représenter dans tous les actes de la vie civile. Le tuteur et le mineur ne sont censés faire qu'une seule personne; il faut cependant excepter les modifications relatives au mariage et au droit de tester, que la loi apporte au droit général de représentation. Le tuteur représente le mineur pendant toute la durée de la tutelle; nous verrons qu'il en était autrement selon le Droit romain.

CHAPITRE III.

*De l'étendue des pouvoirs et des devoirs du tuteur relativement
à l'administration des biens.*

Il est des actes que le tuteur peut faire seul et de sa propre
autorité; il en est qu'il ne peut faire qu'avec l'autorisation du
conseil de famille; cette autorisation, dans certains cas, a encore
besoin d'être homologuée par le tribunal; enfin, il est des actes
qui sont absolument interdits au tuteur. Nous allons parcourir
successivement la série de ces actes.

§. I. *Des actes que le tuteur peut ou doit faire, d'après la nature
de son mandat, sans avoir besoin d'autorisation.*

Le tuteur, porte l'art. 450, al. 2, administrera les biens du mineur en bon père de famille; en conséquence le pouvoir du tuteur
renferme essentiellement les actes dits *simplement d'administration*
et *de conservation;* il peut passer les baux des biens du mineur,
de ses héritages ruraux, de ses maisons, toucher les fermages et
les loyers et en donner bonne et valable décharge; seulement
il est soumis pour la durée des baux et l'époque de leur renou-
vellement, aux règles prescrites au mari administrateur des biens
de sa femme, c'est-à-dire qu'il ne peut passer de baux pour un
temps qui excède neuf ans et qu'il n'en peut passer ou en renou-
veler aucun plus de trois ans avant l'expiration du bail courant,
s'il s'agit de biens ruraux, et plus de deux avant la même époque,
s'il s'agit de maisons.

Le tuteur fait aussi vendre aux enchères le mobilier qui échoit
au mineur dans le cours de la tutelle, avec les formes et sous les
conditions prescrites dans l'art. 452 du Code civil; il reçoit le paiement des créances et poursuit les débiteurs.

Il reçoit aussi le remboursement des contrats de rente que les débiteurs veulent lui faire, conformément aux art. 530 et 1911.

Il exerce les actions mobilières sans avoir besoin d'autorisation. L'action en remboursement étant mobilière, il poursuit le remboursement forcé des contrats de rente, dans les cas prévus par la loi (1912).

Il transfère, mais au cours du jour, les rentes sur l'État et n'excédant pas 50 fr. de revenu, ainsi qu'une action sur la banque de France, ou des portions n'excédant pas une action (loi du 24 mars 1806).

Il peut vendre également, sans autorisation, les rentes sur particuliers qui n'excèdent pas 50 fr., en se conformant toutefois aux formalités tracées par l'art. 452 du Code civil, formalités qui ne sont point exigées pour la vente des rentes sur l'État.

Le tuteur, en qualité d'administrateur, exerce les actions possessoires; il interrompt aussi toutes prescriptions. Il défend également, sans autorisation, aux actions immobilières, et aux demandes en partage (pour la procédure voir l'art. 466).

Outre les actes particuliers que nous venons de signaler, et que le tuteur peut faire sans autorisation, il peut encore accomplir, en vertu de son mandat général d'administrateur, tous les actes dont l'exercice ne lui est point interdit par la loi. Toutes les fois que le tuteur n'a point excédé les limites de son mandat, ses actes sont obligatoires pour le mineur, et celui-ci ne peut en demander la nullité, ni la rescision, pous cause de lésion.

§. II. *Des actes pour lesquels l'autorisation du conseil de famille est nécessaire.*

Le tuteur ne peut accepter ni répudier une succession sans l'autorisation du conseil de famille; l'acceptation ne peut avoir lieu que sous bénéfice d'inventaire. L'autorisation est exigée malgré l'acceptation sous bénéfice d'inventaire, à cause des rapports que l'héritier bénéficiaire peut être dans le cas de faire, de sorte qu'il pourrait être beaucoup plus avantageux au mineur de répudier que d'accepter. Si la succession répudiée, au nom du mineur, n'a point été acceptée par un autre, elle peut être reprise, soit par le tuteur autorisé à cet effet, par une nouvelle délibération du conseil de famille, soit par le mineur devenu majeur, mais dans l'état où elle se trouvera lors de la reprise, et sans pouvoir attaquer les ventes et autres actes qui auraient été légalement faits durant la vacance.

La donation faite au mineur ne pourra être acceptée par le tuteur étranger qu'avec l'autorisation du conseil de famille.

L'acceptation des legs universels ou à titre universel ne peut aussi avoir lieu que d'après une délibération du conseil de famille et sous bénéfice d'inventaire (Arg. des articles 1009 et 1012).

Le tuteur peut, sans autorisation, demander la délivrance des legs de biens meubles, c'est une conséquence du pouvoir qu'il a d'intenter les actions mobilières du mineur.

L'autorisation est nécessaire au tuteur pour introduire en justice une action relative aux droits immobiliers, ou pour acquiescer à une demande de cette nature; elle ne l'est point pour suivre celle qui a été intentée. Pour la validité de l'acquiescement, si le tribunal en donne acte, il est nécessaire que le ministère public soit entendu, mais il resterait au mineur la requête civile (480 n° 8, C. pr. et 481 même Code) pour le cas de non valable défense.

Enfin le tuteur ne peut prendre à ferme les biens du mineur, à moins que le conseil de famille n'ait autorisé le subrogé-tuteur à lui en passer bail.

§. III. *Des actes que le tuteur ne peut faire sans homolagation du tribunal.*

Ces actes sont les plus importans de la tutelle; ce sont d'abord

2

ceux qui concernent l'emprunt, l'aliénation et l'hypothèque des immeubles (457 et 458).

Touchant les formalités de la vente des immeubles, elles sont réglées par les dispositions de l'art. 459 du Code civil, qui n'exempte pas de l'obligation de se soumettre aux règles prescrites pour la vente immobilière, par les art. 955 à 965 du Code de proc.; par conséquent une adjudication préparatoire, dont ne parle pas le Code civ., est nécessaire.

L'autorisation du conseil de famille et l'homologation du tribunal, qui sont exigés dans les cas ordinaires, ne le sont point dans les cas où un jugement a ordonné la licitation, sur la provocation d'un propriétaire par indivis; seulement il sera procédé à cette licitation ainsi qu'il est prescrit au titre des partages et licitations (954, al. 3).

L'autorisation et l'homologation ne sont plus nécessaires quand c'est un créancier du mineur qui poursuit la vente par expropriation forcée. Dans ce dernier cas, il y a lieu à la surenchère du quart, mais non dans le cas de la vente volontaire ou celui de licitation, même provoquée contre le mineur, car la loi n'en parlant pas, on ne peut étendre le privilége exorbitant de la surenchère à d'autres cas que ceux qui sont spécifiés par la loi.

Les ventes des biens des mineurs étant faites par autorisation de justice, ne peuvent être attaquées pour lésion, même des sept douzièmes (1684)[1].

Le conseil ne peut autoriser le tuteur à compromettre, attendu que le ministère public doit être entendu dans toutes les causes qui intéressent les mineurs (1004, C. pr.).

Lorsque les formalités requises à l'égard des mineurs, soit pour aliénation d'immeubles, soit dans un partage de succession, ont

---

[1] L'autorisation homologuée est encore nécessaire pour provoquer un partage, même d'une universalité de biens mobiliers, car la loi ne distingue pas entre les deux objets de partage.

été remplies, les mineurs sont, relativement à ces actes, considérés comme s'ils les avaient faits en majorité (1314).

Dans le cas contraire, les actes ne sont pas seulement sujets à rescision en faveur du mineur, comme si ce dernier les avait faits lui-même, mais ils n'ont aucune existence.

§. IV. *Des actes qui sont interdits au tuteur.*

Le tuteur ne peut acheter les biens de son pupille, même aux enchères publiques. Anciennement, et d'après le Droit romain, il pouvait les acheter en adjudication publique.

Il ne peut se rendre cessionnaire d'aucune créance sur le mineur.

Le tuteur obligé pour, ou avec le mineur, et qui paie la dette, jouit de la subrogation légale (1251),

Quel sera le sort de la créance, dont le tuteur s'est rendu cessionnaire, au mépris de la prohibition de la loi?

La loi, n'ayant prononcé aucune peine, la cession est nulle; mais la créance n'est pas éteinte comme l'ont prétendu certains auteurs, qui se fondaient sur la Nov. 72, chap 5, qui le décidait ainsi.

La prescription ne court point entre le tuteur et le mineur, pendant la tutelle (Arg. de l'art. 2253).

CHAPITRE IV.

Des comptes de la tutelle.

L'obligation de rendre compte de la part du tuteur, est fondée sur le devoir que lui impose la loi d'administrer en bon père de famille, sous peine de répondre des dommages - intérêts qui pourraient résulter d'une mauvaise gestion.

D'après l'esprit de la loi, le tuteur paraît tenu de sa faute *légère*, selon le langage des auteurs.

2.

Les tribunaux ont un pouvoir discrétionnaire pour apprécier la nature des fautes commises par le tuteur, quand la loi ne l'a pas déclaré spécialement responsable, comme elle l'a fait dans divers cas (1663 du Code civ, et 444 du Code de proc. 2278).

Ralativement aux comptes de la tutelle, nous examinerons :

1° Sur qui pèse l'obligation du compte pupillaire;

2° Quel est celui qui doit le recevoir?

3' A quelle époque, dans quel lieu et sous quelle forme il doit être présenté;

4° Quels en sont les élémens;

5° Nous verrons quelle est la nature de l'obligation du tuteur comptable;

6° Enfin, quelle est la durée des actions relatives à l'administration de la tutelle.

§. 1. La qualité de comptable est nécessairement inhérente à celle d'administrateur des biens d'autrui; l'obligation de rendre compte pèse donc non-seulement sur tout tuteur, sans exception, mais encore sur ceux qui, sans avoir eu la qualité de tuteur proprement dit, ont néanmoins été chargés pendant un temps de l'administration des biens du mineur (394, 395, 440, 419).

§. 2. Si la tutelle finit par la majorité de celui qui était mineur, lui seul est en droit de demander son compte, de le recevoir et de l'arrêter.

S'il y a plusieurs mineurs, le compte est rendu à chacun d'eux, à sa majorité.

Si la tutelle finit par la démission ou la destitution du tuteur, le compte est rendu au nouveau tuteur, en présence du subrogé-tuteur (Arg. des art. 450 et 451).

Enfin, si la tutelle a cessé par l'émancipation du mineur, le compte doit lui être rendu avec l'assistance d'un curateur, nommé par le conseil de famille.

§. 3. Tout tuteur est comptable de sa gestion lorsqu'elle finit.

Tout tuteur, autre que le père et la mère, peut être tenu, même pendant la tutelle, de remettre au subrogé-tuteur des états de situation de sa gestion, aux époques que le conseil de famille aura jugé à propos de fixer, sans néanmoins que le tuteur puisse être astreint à en fournir plus d'un chaque année.

Le compte de la tutelle doit être rendu au lieu où elle a été déférée (art. 527, Code de proc.).

Le compte peut être amiablement vérifié et arrêté, lorsqu'il est rendu à un majeur maître de ses droits. Il en est de même lorsqu'il est rendu au nouveau tuteur d'un mineur ; le Code n'exige ni autorisation ni homologation pour opérer l'entière libération du comptable. S'il s'agissait de transiger sur les débats de quelque article, il serait nécessaire de recourir aux formes voulues par le Code, pour la validité des transactions des mineurs, sans quoi le rendant compte ne serait pas libéré.

§. 4. Les premiers élémens du compte pupillaire se trouvent dans l'inventaire fait lors de l'entrée en gestion de la tutelle, et dans la vente des meubles, qui a pu avoir lieu à cette époque. Le tuteur doit reproduire les divers objets portés en ces actes, ou justifier de l'emploi qui en été fait. Il doit rapporter, en outre, le produit des créances qu'il aurait recouvrées.

Il doit compte des revenus du mineur et de l'intérêt des sommes qu'il n'aurait pas employées dans le temps prescrit.

Il est tenu, enfin, des dommages qu'il aurait commis ou laissé commettre par sa faute envers le mineur.

On doit allouer au tuteur rendant compte toutes les dépenses suffisamment justifiées, et dont l'objet sera utile.

Les tribunaux ont un pouvoir discrétionnaire quant à la justification et à l'utilité des dépenses, que le tuteur n'est pas toujours obligé de justifier par écrit.

Généralement le tuteur n'a pas dû dépenser au-delà de la somme fixée par le conseil de famille; nous avons déjà dit qu'il n'était pas dispensé de rendre compte de l'emploi de cette somme.

Si le tuteur, autre que le père ou la mère, n'a pas fait régler la dépense annuelle, il ne peut, quant aux dépenses de simple administration de la personne et des biens, se faire allouer au-delà des revenus, quelque modiques qu'ils aient été (Arg. de l'art. 454).

Le compte définitif sera rendu aux dépens du mineur; le tuteur en avancera les frais (471).

§. 5. Le délai passé sans que le compte ait été présenté, le tuteur peut être contraint à le faire par saisie et vente de ses biens. Le tuteur peut même être contraint par corps, si le tribunal l'estime convenable (534, C. pr., 2 al.).

Les administrateurs qui n'ont point été tuteurs, ne sont point grevés de l'hypothèque légale.

Si le compte produit un reliquat à la charge du tuteur, les intérêts courent contre lui du jour de la clôture.

L'inverse n'a point lieu.

Le tuteur reliquataire peut être condamné par corps au paiement du reliquat de son compte, et, en ce cas, il ne serait pas recevable pour obtenir la liberté de sa personne, à demander le bénéfice de la cession des biens, accordé par le Code aux débiteurs malheureux.

Le tuteur ne peut traiter avec son ancien pupille que dix jours après l'apurement du compte, et la remise des pièces justificatives. Le mineur ne peut non plus rien laisser à son tuteur par testament, avant la reddition du compte, quand même il serait majeur [1].

---

[1] Cette rigueur de la loi relative aux actes du pupille envers son tuteur, avant la reddition du compte de tutelle, provient de ce qu'avant cette époque le mineur ne connaissant pas encore l'état de ses affaires, pourrait se laisser tromper par son tuteur, qui en a une connaissance parfaite.

§. 6. Toute action du mineur contre son tuteur se prescrit par dix ans, à compter de la majorité. Cette prescription n'a pas lieu pour les faits étrangers à la tutelle.

Quoique cette proposition soit controversée, l'action du tuteur contre son pupille ne nous semble pas soumise à la prescription de dix ans (Arg. de l'art. 475).

THESES EX JURE ROMANO.

DE ADMINISTRATIONE ET RATIONIBUS TUTELÆ

Ex pluribus tutoribus datis, unus tantum gerere potest, dum cœteri, honorarii dicti, subrogatorum tutorum vices tenent.

Duplex tutoris officium est: primum ad personæ tutelam, alterum ad ejus bona, spectat. Administrationem rationes sequuntur; unde, triplici capite, de administratione tutelæ, erit.

I. Persona pupilli duplici tempore considerari potest: vel antequam rationis usum possideat, vel postquam illum obtinuerit. In priori casu, tutor personæ vices pupilli gerit, et illum omni modo representat; in secundo casu, pupillus quidem ipse agit et contrahit, sed quia ratio ejus maturitate, et voluntas robore, carent, tutor inter actum venire debet, ut pupillum sapienter, quod suà interest edoceat, firmetque voluntatem. Approbatio quam præsens tutor dat actui quem ipse pupillus agit, tutoris *auctoritas* dicitur.

Pupillis licet conditionem facere meliorem, etiam sine tutoris auctoritate; deteriorem vero, non aliter quam tutore auctore. Unde in his causis, in quibus obligationes mutuæ nascuntur, si tutoris auctoritas non interveniat, ipsi quidem qui cum pupillis contrahunt, obligantur; at invicem pupilli non obligantur.

Neque tamen hæreditatem adire, neque bonorum possessionem petere, neque hæreditatem ex fidei commisso suscipere aliter pupilli possunt; nisi tutoris auctoritate, quamvis illis lucrosa sit, ne ullum damnum habeant.

Si inter tutorem pupillumque judicium agendum sit, quia ipse tutor in rem suam auctor esse non potest, curator in ejus locum datur, quo curatore interveniente, judicium peragitur, et eo peracto, curator esse desinit.

Pupillus obligari tutori eo auctore non potest.

Hoc autem quod cognovit tutor, pupillus probare debet.

II. Cum personam sequitur patrimonium, datus tutor, ad universum patrimonium datus esse creditur.

Ex quo gerere atque administrare tutelam, id est, ex Marci Aurelii temporibus, tutores cogi soluerunt, specialem satisdationem etiam dare debuerunt.

A tutoribus pupillorum, eadem diligentia exigenda est circa administrationem rerum pupillarium, quam pater familias rebus suis ex bona fide præbere debet.

Antequam administrationem bonorum aggrediatur tutor, repertorium, quod vulgo inventarium dicimus, facere tenetur.

Si quis tutor, copiam sui non faciat, ut alimenta pupillo decernantur, cavetur epistolâ divorum Severi et Antonini, ut in possessionem bonorum ejus pupillus mittatur; nec non ut suspectus removeri potest, qui non præstat alimenta.

Tutor qui tutelam gerit, quantùm ad providentiam pupillarem, domini loco habetur; ita, et novare, et rem in judicium deducere potest. Donationes ab autem eo factæ pupillo non nocent.

Fœnori pecuniam pupillarem tutor dare debet.

Usuræ autem a tutoribus non statim exiguntur; sed interjecto tempore, ad exigendum et ad collocandum duum mensium.

III. Cum pupillorum tutores negotia gerant, post pubertatem tutelæ judicio rationem reddunt. (Inst. lib. I, tit. 2, §, 7.)

Competet adversus tutores tutelæ actio, si male contraxerint; sed, non tantum tutores pupillis ex administratione rerum tenentur; verum etiam in eos qui satisdationem accipiunt, subsidiaria actio est, quæ ultimum præsidium possit offerre.

Actio contraria tutelæ, tutori adversus minorem, non immerito datur.

DROIT COMMERCIAL.

DU BILAN.

Le bilan est l'état de situation active et passive du failli.

Le Code de commerce envisage le bilan sous deux points de vue: dans les énonciations qu'il doit contenir, et dans les personnes chargées de le rédiger

I. *Du contenu du bilan.*

Le but du bilan, qui est de mettre à découvert l'état des affaires, le secret de la fortune, de la bonne foi, du malheur ou de la négligence et de la culpabilité du failli, dans l'exercice de son commerce et les dépenses de sa maison, nous indique suffisamment ce qu'il doit renfermer.

L'énumération et l'évaluation de tous les effets mobiliers et immobiliers du débiteur, l'état des dettes actives et passives, avec le nom des créanciers et des débiteurs, le tableau des profits et des pertes, celui des dépenses, en remontant jusqu'à l'époque à laquelle le commerce a commencé, telles sont les principales énonciations que doit contenir le bilan. On voit par là qu'il importe au commerçant de ne pas se dessaisir de ses livres, au terme des dix années, pendant lesquelles seulement la loi l'oblige de les

3.

garder; car, le principe de sa faillite peut dater de fort loin, et ce sont les livres surtout, qui font connaître les faits relatifs au commerce.

II. *Par qui le bilan doit être rédigé ?*

Personne ne connaissant mieux l'état de ses affaires que le failli lui-même, c'est à lui qu'il appartient d'abord de dresser le bilan ; il doit d'autant plus tenir à le faire lui-même, qu'il est plus innocent; car personne ne présentera mieux que lui les faits sous leur véritable jour, et de la manière dont le bilan sera présenté, de la véracité et de la bonne foi qui y régneront, dépendra souvent le sort du commerçant malheureux. Il convient que le commerçant qui prévoit sa faillite, rédige son bilan avant de la déclarer. S'il l'a fait, il doit remettre ce bilan aux agens de la faillite, dans les vingt-quatre heures de leur entrée en fonctions, après l'avoir certifié véritable, daté et signé.

La foi qui est due au bilan dépend de la source des énonciations qui y sont renfermées, comme si, par exemple, elles ont été puisées dans un livre nécessaire. Le degré de confiance qu'il mérite en général, est abandonné au jugement des tribunaux. Si, à l'époque de l'entrée en fonctions des agens, le failli n'avait pas préparé son bilan, il devra le faire en leur présence, par lui, ou par un fondé de pouvoir, s'il ne peut se présenter; ses livres doivent lui être communiqués. S'il vient à décéder avant la clôture du bilan, sa veuve ou ses enfans pourront le remplacer. Si les agens sont abandonnés à eux-mêmes, ils procèdent comme ils peuvent, au moyen des livres qu'ils trouvent, et des informations qu'ils prennent auprès des gens de la maison, que le juge-commissaire a le droit d'interroger, à l'exception de la femme et des enfans du failli, soit d'office, soit sur la demande d'une des parties intéressées, ou même de l'agent.

INSTRUCTION CRIMINELLE.

DE LA PRESCRIPTION EN MATIÈRE CRIMINELLE.

La loi qui poursuit le crime, indulgente jusque dans sa sévérité même, a cru devoir mettre un terme aux alarmes des coupables qu'elle n'a pu saisir à l'époque de leur crime, et, persuadée qu'après avoir été livrés pendant un temps assez long aux angoisses de leur conscience, et à la crainte de la justice, ils étaient suffisamment punis, elle a admis la prescription, tant à l'égard des actions criminelles et des actions civiles, qu'à l'égard des peines prononcées par les jugemens des tribunaux. Le temps pour prescrire les peines a naturellement dû être plus long que celui qui est déterminé pour la prescription des actions; car dès qu'il n'existe pas de jugement, la culpabilité de l'accusé n'étant pas légalement avérée, on a dû user à son égard de quelque tempérament; tandis que tout jugement ayant force de vérité, il était naturel de montrer plus de rigueur relativement aux condamnés. Un autre motif qui a pu faire abréger le temps nécessaire à la prescription des actions, c'est la difficulté de se procurer des preuves après un si long laps de temps.

I. *De la prescription de l'action publique et de l'action civile.*

L'action publique et l'action civile se prescrivent par dix ans, s'il s'agit d'un crime; par trois ans, s'il est question d'un délit; et enfin pour un an, pour une contravention. Les délais de dix et de trois ans courent du jour où les crimes ou délits ont été commis, si dans l'intervalle il n'a été fait aucun acte de poursuite; s'il en a été fait, la prescription ne court qu'à dater du dernier acte, même pour les personnes qui n'auraient point été impliquées dans l'instruction. La prescription d'une contravention date de l'époque où elle a été commise, s'il n'est point intervenu de condamnation, quand même il y aurait eu des actes de poursuite. S'il y a eu jugement susceptible d'appel, la prescription ne court qu'à compter de la notification de l'appel qui en aura été interjeté. L'action civile se prescrit par le même laps de temps que l'action criminelle, parce qu'étant son accessoire, elle doit en dépendre.

II. *De la prescription des peines.*

Les peines prononcées par jugemens se prescrivent par vingt, cinq ou deux années révolues, à dater des jugemens, selon qu'il s'agit d'un crime, d'un délit ou d'une contravention. Les peines qui ne sont pas prononcées en dernier ressort, ne se prescrivent qu'à compter du jour où les jugemens ne peuvent plus être attaqués par la voie de l'appel. Ces règles ne concernent point les délits régis par des lois spéciales; on y applique les prescriptions déterminées par ces lois. Quant aux condamnations civiles, elles ne se prescrivent que par trente ans.

A l'inverse du principe reçu en matière civile, les tribunaux doivent suppléer le moyen de prescription non proposé par les prévenus. La prescription n'anéantit pas, dans quelques circonstances, tous les effets des condamnations; ainsi, par exemple, la prescription de la peine ne fait pas recouvrer les droits civils au condamné qui a encouru la mort civile. Le condamné pour crime ne pourra résider dans le département où demeureraient soit celui sur lequel ou contre la propriété duquel le crime aurait été commis, soit ses héritiers directs. Le gouvernement pourra assigner au condamné le lieu de son domicile.

En aucun cas, les condamnés par défaut ou par contumace dont la peine est prescrite, ne pourront être admis à se présenter pour purger le défaut ou la contumace.

FIN.

www.ingramcontent.com/pod-product-compliance
Lightning Source LLC
Chambersburg PA
CBHW070206200326
41520CB00018B/5524